Gluckenmütter

D1868747

Meiner einzigen Tochter Stefanie, gewidmet in Liebe.

Renate Wagner

Gluckenmütter

- für solche die es sind,
- die es waren,
- und die es sein werden.

Gedichte

Inhaltsverzeichnis

Gluckenmütter

Publikation im Rahmen der
EDITION *Albertis* der
Albertis Hofbuchhandlung,
Hammerstraße, 63450 Hanau.
Mehr Informationen auch im Internet unter
http://www.albertis.de

Gestaltung: Gero Hartmann

Der 1989 von Renate Wagner erschienene
Gedichtband „Etwas von Allem" ist in der
Albertis Hofbuchhandlung, Hanau und
der Windecker-Bücherstube
zum Preis von 9,80 DM erhältlich.

Herstellung: Books on Demand GmbH
ISBN 3-8311-1878-7

Mein Traum

Einmal hatt' ich einen Traum,
er war so herrlich anzuschau'n,
und er ließ mir keine Ruh',
dieser Traum, der warst ja Du.

Herrlich zart und auch so fein,
alles noch so klitzeklein.
Händchen, Füßchen, alles dran,
wie man sich doch freuen kann.

Als Du kamst auf diese Welt,
wusste ich was wirklich zählt.
Mein Traum war Wirklichkeit mit Dir,
welch' ein Wunder, und das mir !

Mein Traum war Wirklichkei

it Dir

Ein Baby

So ein Baby, neu geboren,
ist das Schönste, was es gibt.
Und es ist so selbstverständlich,
dass man dieses Wesen liebt.

Kleines Köpfchen, kleine Ohren,
kleine Augen, kleiner Mund.
Kleine Hände, kleine Füße,
und wie schön, es ist gesund !

Alles ist an seinem Platze,
genau dort wo es hingehört,
eine Stimme hat das Kleine,
noch so zart, dass sie nicht stört.

Bald schon kann das anders werden,
wenn es schreit, obwohl's nicht soll.
In den schönsten Tönen nämlich,
mal in Dur und mal in Moll.

Ja, ab jetzt ist alles anders,
nie mehr wird's wie's vorher war.
Manchmal ist der Schlaf zu wenig,
denn nun ist das Baby da.

Und die Tage sind jetzt länger,
mit dem Kleinen auf dem Schoß,
und die Nächte sind oft kürzer,
doch viel zu schnell ist's Baby groß.

Ähnlichkeiten

Vom Papa die Augen, die Ohren dazu,
trotzdem siehst Du aus wie Du.
Die Haare hast Du genau wie er,
oh doch, Du gleichst dem Papa sehr.
Vom Opa hast Du die Mundpartie,
leider sah Dich dieser nie.
Dein Temperament war früher meines,
Du bist halt auch mein liebes Kleines.
Viele haben mitgemischt,
als wir Dich aus dem Teich gefischt.
Du bist einmalig, einfach Du,
da kann alleine die Schöpfung dazu.

Ähnlichkeiten

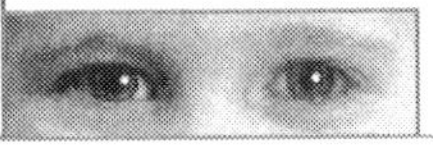

Vom Papa die Augen, die Ohren dazu,
trotzdem siehst Du aus wie Du.
Die Haare hast Du genau wie er,
oh doch, Du gleichst dem Papa sehr.
Vom Opa hast Du die Mundpartie,
leider sah Dich Dieser nie.
Dein Temperament war früher meines,
Du bist halt auch mein liebes Kleines.
Viele haben mitgemischt,
als wir Dich aus dem Teich gefischt.
Du bist einmalig, einfach Du,
da kam alleine die Schöpfung dazu.

Augen
Ohren
Haare
Mund
Temperament

Eine Frucht

Ein Früchtchen hat mein Baum getragen,
und ich will nicht länger klagen,
dass es bei dem einen blieb.

Eine Frucht nur trug mein Baum,
und er war bestimmt sehr klug,
denn von den allerbesten Sorten,
ist auch eine Frucht genug.

Ein Früchtchen hat mein Baum getragen

von den allerbesten Sorten, ist auch eine Frucht genug

Mutterliebe

Du bist meine große Liebe,
seit dem Tag, da es Dich gibt,
und Du warst noch ungeboren,
da habe ich Dich schon geliebt.

Als man die Nabelschnur durchtrennte,
da folgte gleich Dein erster Schrei,
und so war die erste Trennung,
zwischen uns schon mal vorbei.

Doch immer trennten wir uns wieder,
um auf's Neue uns zu sehen,
und Wehmut mischte sich mit Freude,
mein Kind kann schon alleine gehen.

Aus kleinen Schritten wurden Große,
und sie führten fort von mir,
ich ließ Dich ziehen, wehen Herzens,
nun bist Du wieder öfter hier.

Wenn Du auf Deinem Weg mal stolperst,
über irgendeinen Stein,
komm' was immer es gewesen,
komm' auf dem schnellsten Wege heim.

Wie auf Wanderschaft .....

Wie auf großer Wanderschaft,
wandern wir durch's Leben,
und die Wege, die wir geh'n
sind nicht alle eben.

Dir steh'n noch alle Wege offen,
die Richtungen sind frei,
einen Rucksack mit Gepäck,
trägt jeder stets dabei.

Wie auf großer Wanderschaft, wandern w

Könnt' ich ihn packen,
gäb' ich Dir so manches mit hinein,
doch soll er nicht drücken,
nicht zu schwer, für Deinen Weg Dir sein.

Als erstes packt' ich Glück Dir ein,
und die Zufriedenheit,
dann Gesundheit, frischen Mut
und die Fröhlichkeit.

Ganz viel Liebe oben drauf,
und nun lauf mein Kind !
Ich schau' Dir noch ein Weilchen nach,
weil Mütter eben so sind !

Was gibt‘s zu Essen ?

Meine Mutter kocht heut’ nicht,
sie schreibt stattdessen ein Gedicht.
Und statt einer guten Sauce,
gibt es etwas aus der Dose.
Manchmal auch Gefriergerichte,
dann schreibt sie weitere Gedichte.
Wer glaubt, dass dies mal anders wird,
der hat leider sich geirrt.

sen?

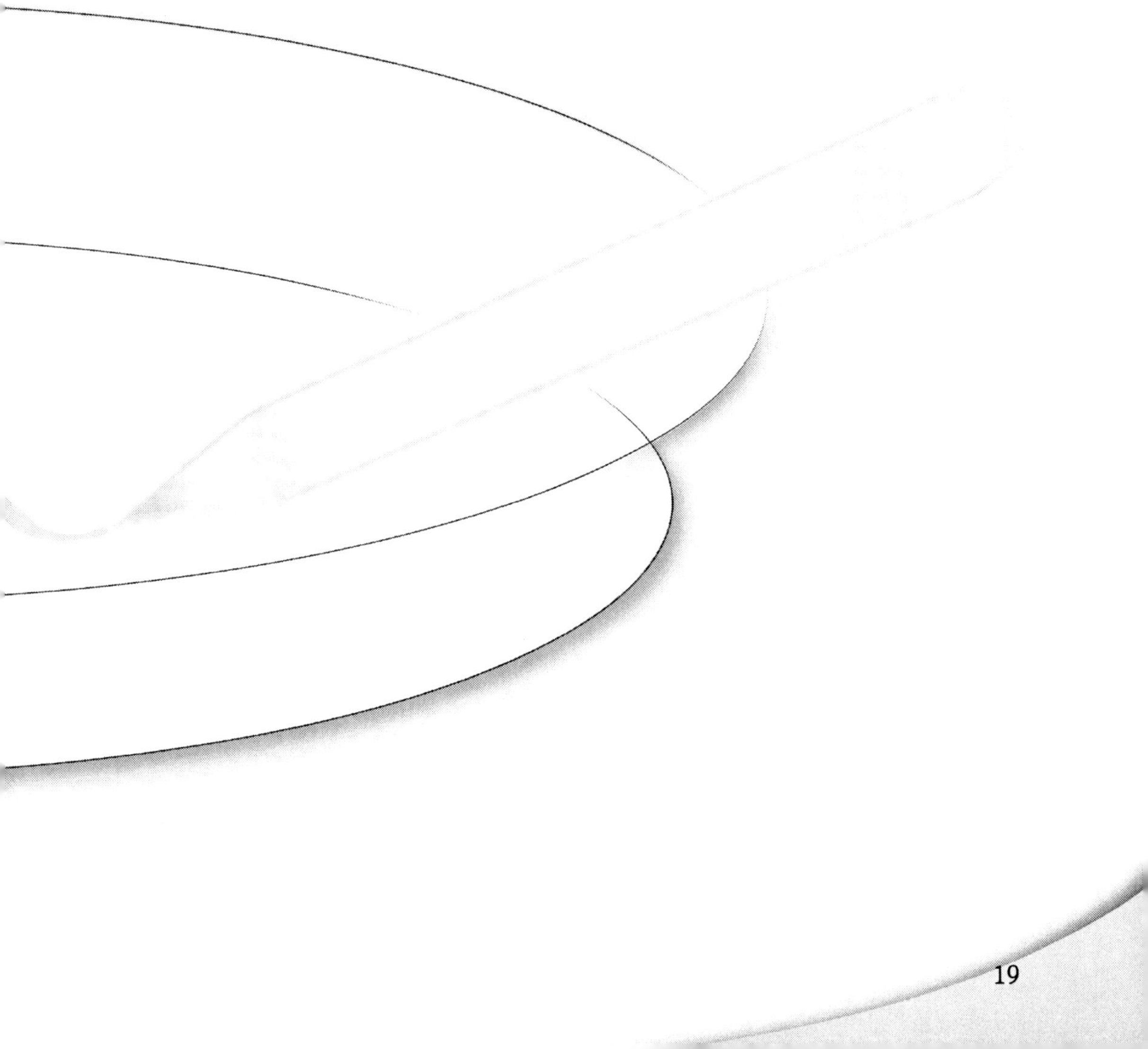

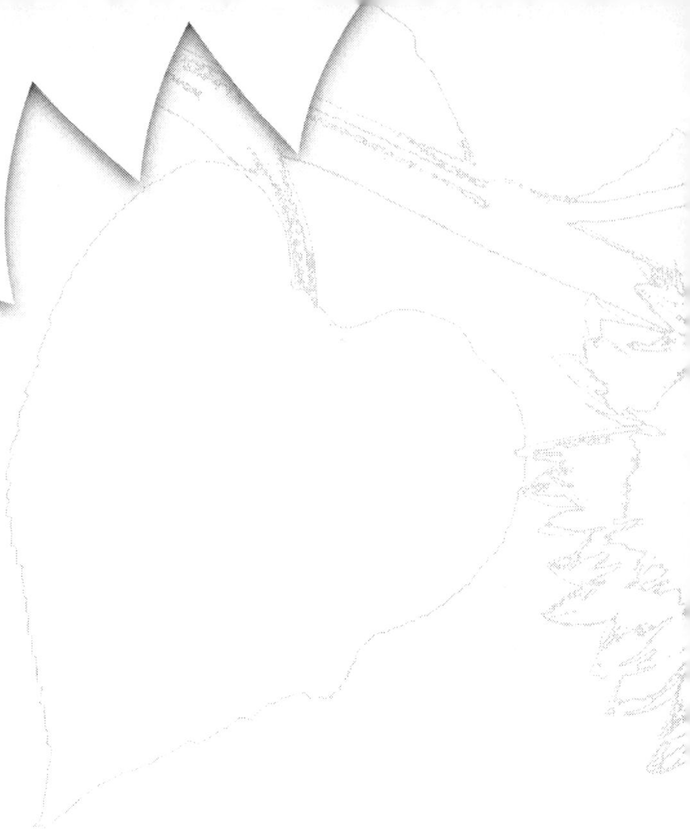

nicht Stillstand und nicht Stagnation

Glück

Da liegst Du auf der Gartenliege,
und uns're Tochter noch im Bett.
Ich hör' sie leise dauernd lachen,
am Telefon ist's sicher nett.

Und wenn ich hier im Zimmer sitze,
nur im Moment, kein Blick zurück,
so kommt ein Wort in meine Sinne,
und dieses Wort heißt einfach Glück.

Und beinah' kommen mir die Tränen,
weil der Moment so flüchtig ist,
doch nur im Wandel, da ist Leben,
auch wenn man noch so traurig ist.

Und Sinn des Ganzen ist Bewegung,
nicht Stillstand und nicht Stagnation.
Immer vorwärts, immer weiter,
die Richtung weiß das Leben schon.

Süße sechzehn

Ich stell mich vor, ich bin die Mutter,
einer Tochter, sechzehn Jahre,
und seit nun geraumer Zeit,
steh'n zu Berge mir die Haare.

Mein Fräulein Tochter – selbstbewusst,
hat trotzdem sehr häufig Frust.
Und ist kein Anderer zur Stelle,
krieg' ich ihn ab auf alle Fälle.

Stinkt mir dies ganz ungemein,
fange laut an ich zu schrei'n.
Tochter schreit dann prompt zurück,
so was heißt Familienglück.

Manchmal geht es um die Kleider,
die mir nicht gefallen – leider !
Schwarze Hosen, schwarzes Hemd,
schwarzes T-Shirt liegt im Trend.
Schwarze Schuhe, schwarze Strümpfe,
und wenn ich die Nase rümpfe,
übersieht sie's ganz bestimmt,
und es ist klar, wer hier gewinnt.

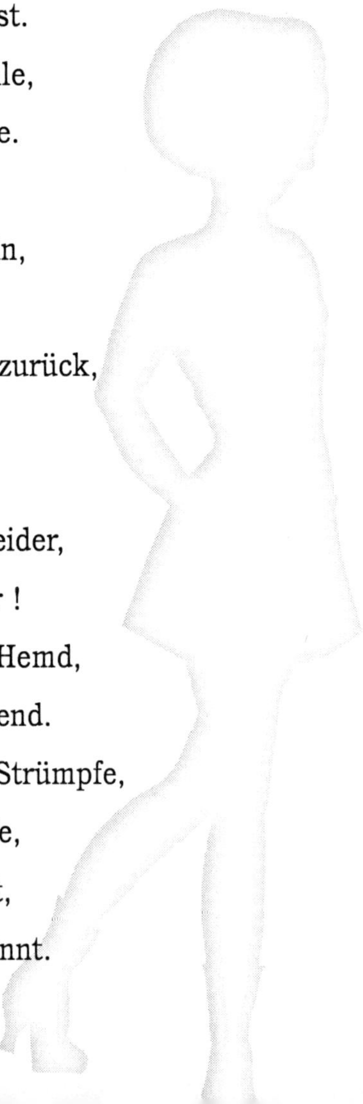

Und was den Vater noch betrifft,
der meistens nicht zu Hause ist,
der ist entsetzt von dem Gezeter,
wie sicher manche and'ren Väter.

Doch will das liebe Töchterlein,
abends nicht beizeiten heim,
vergreift auch er sich schnell im Ton,
so was gab es öfter schon.

Denn die liebe Heimkommzeit,
gibt oft Anlass für den Streit.
Wir feilschen hin, wir feilschen her,
zum Schluss weiß keiner gar nichts mehr.
Was ist falsch, und was ist richtig ?
Was ist überhaupt noch wichtig ?
Sind wir nun die blöden Spießer,
diese dummen Spaßvermieser ?
Machen wir uns zuviel Sorgen,
denken wir zuviel an Morgen ?
Sind wir einfach nicht spontan ?
Fangen wir zu wenig an,
mit diesem uns'rem Elternleben ?
Wer kann mir eine Antwort geben ?

Meine Tochter braucht' nen Mantel,
für den nassen, kalten Winter,
und wie wir wissen sind mit sechzehn,
diese Kinder nicht mehr Kinder.

Ich bekomm' Verhaltensregeln,
was ich im Kaufhaus sagen darf,
und ehrlich muß ich darauf sagen,
war ich erst mal ganz schön baff.

Am besten kleb' ich mir ein Pflaster,
auf meinen viel zu großen Mund,
ich krieche unter'n Mantelständer,
und mach' nen Eintrag im Kalender:
„Heute hab' ich eingesehen,
ich lass' demnächst allein sie gehen."

Das Telefon ist meist besetzt,
oft wird stundenlang geschwätzt.
Wenn es klingelt renn' ich los,
meistens ist sie schneller bloß.
Gelingt mir mal der schnell're Start,
weil einen Anruf ich erwart',
wird Fräulein Tochter doch verlangt,
und langsam habe ich erkannt:
„Dies ist nicht mehr mein Telefon,
und es ist der reinste Hohn,
einst war ich gekrönter König,
telefonierte grad' nicht wenig,
jetzt schmeißt sie mich von meinem Thron,
soweit sind wir also schon !"

Ich bin die Mutter einer Tochter,
bald wird sie siebzehn Jahre alt,
und wenn ich Glück hab' wird's ja besser,
ich hoffe nur, und wünsch' mir bald !

Manche Mütter

Gern' würde ich wissen, wie viele es sind,
die wachend warten auf ihr Kind.
Die irgendwann durch's Haus dann schleichen,
und suchen nach diversen Zeichen.
Die Schuhe, den Mantel oder den Schal,
dass sie es wissen für dieses Mal;
Sie sind ja wieder gut daheim,
die Kinder, die nun nicht mehr klein.
Das nächste Mal werden sie wieder wachen,
und innerlich über sich selber lachen.
Sie wollen ja schlafen, es geht eben nicht,
Der Schlaf kommt von selbst,
sind die Kinder in Sicht.

Vielleicht werden sie irgendwann gescheiter,
und warten nicht weiter !

lleicht werden sie irgendwann gescheiter,
und warten nicht weiter !

Entscheidung

Entscheidung
Entscheidung

Frag' nur Dein Herz,
und höre gut zu,
gibt es Dir Antwort,
findest Du Ruh'.

Dann frag' den Verstand,
auch er bringt Dich weiter,
und hörst Du ihm zu,
wirst Du gescheiter.

Und hörst Du auf Beide,
dann wirst Du es seh'n,
mit Herz und Verstand,
kann durch's Leben man geh'n!

Entscheidung
Entscheidung

Dein erster Urlaub allein

Würde doch's Telefon klingeln,
was wäre ich darüber froh,
so kann ich nur an Dich denken,
und fragen warum und wieso.

Hast Du es einfach vergessen ?
Nein, das glaube ich nie.
Hat die Post schon geschlossen ?
Weißt Du einfach nicht wie ?

Klappt sie nicht die Verbindung,
von weit her über das Meer ?
Ich warte so auf das Klingeln,
und wünsche es mir so sehr.

Wo bist Du ? Wo bist Du geblieben ?
Wo wohnst Du, wo schläfst Du heut' Nacht ?
Ich weiß nur, Du bist auf der Insel,
was hast Du heut' so gemacht ?

Schönen Urlaub wünsch' ich, mein Liebes,
viel Sonne, viel Spaß und viel Glück,
und komm' heut' in vierzehn Tagen
gesund und munter zurück.

* * *

Nun war er da, Dein Anruf kam,
freudig ich den Hörer nahm.
Dir geht es gut, und es ist schön,
im Katalog da könnt' ich's seh'n.
Über's Wetter nichts zu klagen,
und kaum mehr Zeit noch was zu fragen.

Erleichtert lege ich dann auf,
ich wartete so sehr darauf.

Vor 18 Jahren

Du lagst in Deinem Bettchen,
und warst noch winzig klein,
da stand ich, und ich dachte:
„Dies Baby, das ist mein."

Ich stand an Deinem Bettchen,
und sah Dich an, genau,
und dachte voller Staunen,
dies Baby wird mal Frau.

Und dennoch musst' ich denken:
Dies Kind da, das ist mein,
und ich begriff erst später,
Du bist nur immer Dein.

Ich steh' Dir gegenüber,
nun bist Du junge Frau,
und wenn ich Dich betrachte,
weiß ich es jetzt genau.

Du bist zwar meine Tochter,
und wirst sie immer sein,
doch sonst gehörst Du immer,
nur einzig Dir allein.

Zum 18. Geburtstag

Viel, viel Glück in Deinem Leben,
und viel Freude jeden Tag,
stets einen Grund zum herzlich Lachen,
am besten niemals Müh' und Plag'.

Viel Erfolg bei Deinem Lernen,
gute Lehrer jederzeit.
'Nen Beruf nach Deinen Wünschen,
noch hast Du damit etwas Zeit.

Und viel Glück auch in der Liebe,
und dann die Zufriedenheit.
Viel Spaß an jedem Tag der Woche,
stets ein bisschen Heiterkeit.

Immer einen Mensch' zum Reden,
der Dich gut verstehen kann.
Und gelingt Dir mal kein Lachen,
der auch da ist .... gerade dann !

Die Gesundheit soll nicht fehlen,
dies ist ein großer Wunsch von mir.
Niemals mehr als einen Schnupfen,
das wünsch' ich Dir.

Stets gute Fahrt auf allen Straßen,
das Glück auch immer mit dabei.
Immer heil an's Ziel gelangen,
auf jeden Fall stets unfallfrei.

Alles Gute, alles Schöne,
für Dich, mein liebes, großes Kind.
Achtzehn Jahre wirst Du heute,
verflogen sind sie wie der Wind.

Erwachsen nennt man Dich ab heute,
bist von nun an nie mehr Kind.
Ich begrüß' Dich in der Runde,
in der die „großen Kinder" sind.

Große Kinder

„Lass sie fliegen Deine Kinder,
wenn Sie groß geworden sind",

so schrieb ein kluger Dichter nieder,
die Frage ist, hat er ein Kind ?

Weiß der gute Mann auch wirklich,
was es heißt, Dich zieh'n zu lassen ?
Deine Wege selbst zu gehen ?
Dir nicht dauernd nachzufassen ?

Weiß er, um alle die Gefahren,
und glaubt trotzdem ans Gute nur ?
Kennt er alle Menschenängste,
und liebt trotzdem das Leben pur ?

Weiß er, was es heißt vertrauen,
kaum einen Schritt noch neben Dir ?
Weiß er, was es heißt zu wissen,
dies ist dein Kind und doch nicht Dir ?

Ob er es weiß, ich weiß es nicht,
jeder lernt auf seine Weise.
Ich lass Dich zieh'n, mein großes Mädchen,
und wünsch' Dir eine gute Reise.

Und bist Du wieder mal auf Reisen,
weht um die Nase Dir der Wind,
auf Deine Rückkehr freuen sich
zwei die Deine Eltern sind.

Dein Auto

So ein Auto hat man gerne,
man fährt damit in weite Ferne.
Es fährt jedoch nur mit Benzin,
sonst kommt man nirgends damit hin.
Und da der Sprit sehr teuer ist,
gebrauchst Du eine kleine List.
Du tankst stets nur für kleines Geld,
so kommt man besser durch die Welt.

Und fällt einmal der Auspuff runter,
bleibst Du dennoch immer munter.
Dein Auto schreit nach Inspektion,
Du sagst: „Die hat es aber schon".
Das ist zwar schon zwei Jahre her,
es fährt auch so, na bitte sehr.
Und den TÜV braucht's nicht zu geben,
es lässt sich ohne ihn gut leben.
Plakette und ein Blatt Papier,
wo gibt es so was, außer hier ?

Im Wagen selbst, man glaubt es kaum,
ist es graus'lig anzuschau'n.
Büchsen da und Flaschen dort
fahren mit an jeden Ort.
Das Auto ist ein Abfalleimer,
macht ja nix, es merkt ja keiner !
Von außen dürstet es nach Nass,
und das macht dem Papa Spaß.
Er wäscht es sauber, wäscht es rein,
so soll ab heut' Dein Auto sein.
Und hat es wieder einen Kummer,
wähle einfach Papas Nummer.

Geschenktes Leben

Du lachst dem Leben ins lachend' Gesicht,
an traurige Zeiten denkst Du heut' nicht.
Und hast eine Ahnung, was vom Leben Du willst,
und wie Du den Hunger auf Leben Dir stillst.
Und weißt, dass Du Luft brauchst,
und Freiheit noch mehr,
und all das, mein Kind, wünsch' ich Dir so sehr.
Ich hab' Dich geboren, Dir Dein Leben geschenkt,
und schlimm wär's,
wär' ich durch Deine Pläne gekränkt.
Dein Leben, nicht meines, das musst Du leben,
ich kann Dir nur meine Liebe geben.
Dein Leben ist Dir, Du hast nur dies Eine,
und auch wenn zum Abschied ich manchmal weine,
so denk' nicht, ich gönn' Dir nicht Deine Wahl,
es ist sicher nicht zum letzten Mal,
dass wir uns trennen, um Wiederzusehen,
zusammen kommen, um Auseinanderzugehen.
Das Recht, nach den eigenen Wünschen zu leben,
soweit uns dies Recht in die Wiege gegeben.
Die Grenze der Freiheit setzt uns die Natur,
leb' so wie Du kannst, leb' Leben pur !

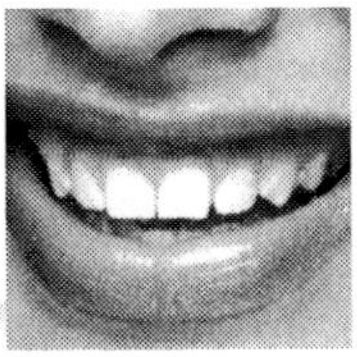

Schönheit und Natur

Du bist natürlich wie das Wetter,
mal launisch, meistens viel, viel netter.
Bist, wie alle Wolken sind,
und Du bist mein Kind.

Du bist natürlich wie der Wind,
und jung und zart und wild.
Bist wie Mond und Sterne sind,
und Du bist mein Kind.

Du bist natürlich wie die Sterne,
und oft reist Du in weite Ferne.
Bist wie Meer und Wellen sind,
und Du bist mein Kind.

Du bist natürlich wie das Leben,
und vieles ist Dir mitgegeben.
Bist wie Glut und Feuer sind,
und Du bist mein Kind.

Bleibe weiter so natürlich,
lebe ganz und gar ausführlich.
Bleib', was alle Menschen sind,
bleib' ein großes Kind !

Die Rose

Schön ist sie .... !

Stolz ist sie .... !

Sie duftet so herrlich, ganz frisch !

Empfindlich ist sie .... !

Stachelig ist sie .... !

Und manchmal sticht sie,

ohne selbst berührt worden zu sein.

Einfach nur,

weil ihr jemand zu nahe kommt.

Ja, ja die Rose .... !

Erwachsen werden

Nun bist [illegible]
ein K[illegible]
Wo [illegible] ?

Du sagst oft: „Heut' wird es später"
Oder Du kommst gar nicht heim.
Soll das ein Grund zum Weinen sein ?

Du wirst einfach nur erwachsen.
Ich kenn' Dich aber schon ganz klein.
Soll das ein Grund zum Weinen sein ?

Voll Stolz schau' ich Dir hinterher,
die junge Frau war mal mein Kind.
Wie dumm doch meine Tränen sind !

Nicht mehr weinen, vielleicht [illegible]

Träne

Nun bist Du groß, kannst alles selber,
ein Kind bist Du schon lang' nicht mehr.
Wo kommen meine Tränen her ?

Du sagst oft: „Heut' wird es später !"
Oder Du kommst gar nicht heim.
Soll das ein Grund zum Weinen sein ?

Du wirst einfach nur erwachsen,
Ich kenn' Dich aber schon ganz klein.
Soll das ein Grund zum Weinen sein ?

Voll Stolz schau' ich Dir hinterher,
die junge Frau war mal mein Kind.
Wie dumm doch meine Tränen sind !

Nicht mehr weinen, vielleicht lachen,
dass Du so bist wie Du bist.
Vielleicht sollte ich Tränen lachen,
dass es ist, so wie es ist !

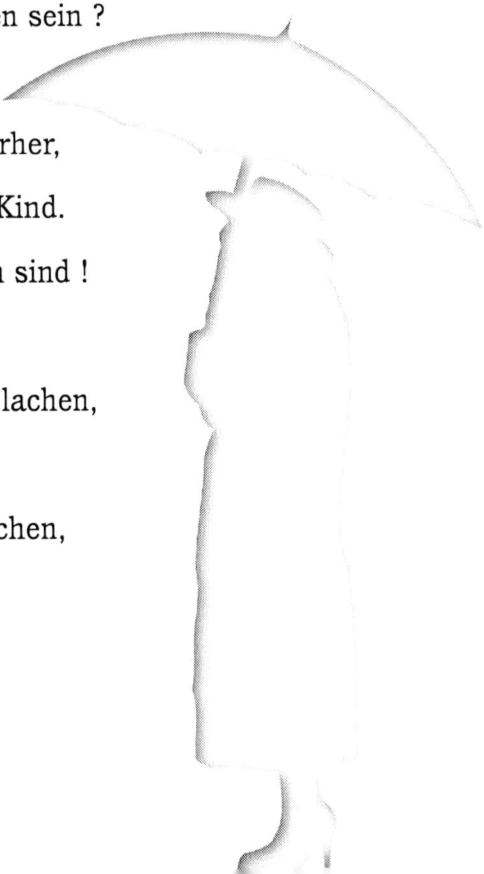

Zu viele Fragen

Hast Du heut' schon gelacht ?
Was hast Du gestern gemacht ?
Warst Du zeitig im Bett ?
War die Vermieterin nett ?
Sind alle Briefe geschrieben ?
Ist das Geschirr schmutzig geblieben ?
Hast Du den Vögeln Futter gegeben ?
Wo hat denn der Mietvertrag gelegen ?
Und Du, bist Du auch richtig satt ?
Und sag, ist die Wäsche auch glatt ?
Hat Dir jemand was Liebes gesagt ?
Hat sich wer über was beklagt ?
Hast Du auch Trinkgeld bekommen ?
Hast Du genügend Zeit Dir genommen ?
Hast Du vielleicht mal an mich gedacht ?
Und hast Du die Treppe sauber gemacht ?
Ist Dein Freund lieb zu Dir ?
Erzählst Du es mir ?

Das frag' ich mich,
ich denk' oft an Dich,
und höre Dich sagen,
auf so viele Fragen:
„Frag' nicht so viel, sei einfach nett,
nein, ich war nicht früh im Bett.
Und mach' Dir bitte keine Sorgen,
bin in Eile, tschüss bis morgen".

Eine nervende Mutter

Was willst Du schon wieder wissen ?
Etwa, ob wir zwei uns küssen ?
Ob wir schlafen oder essen ?
Oder uns im Sex vergessen ?
Und was ich beruflich mache,
ist doch schließlich meine Sache.
Irgendwie verdien' ich Geld,
fahr' vielleicht mal um die Welt.
Und Heirat liegt in weiter Ferne,
meinen Freund hab' ich sehr gerne.
Und Kinder will ich auch mal haben,
wann, kann ich doch jetzt nicht sagen.
So, das war's, es gibt nichts mehr,
sei jetzt still, ich bitte sehr.

Alles wirst Du noch erfahren,

mit den Jahren, mit den Jahren.

Wenn ich es selbst weiß, sag' ich's Dir,

liebe Mama, glaube mir!

Selbst

Selbstbeherrschung

Beherrsche Dich, beherrsche Dich,
wer gemeint ist, das bin ich.
Ruf' nicht an, lass' diesen Plan,
Du hast es schon so oft getan.

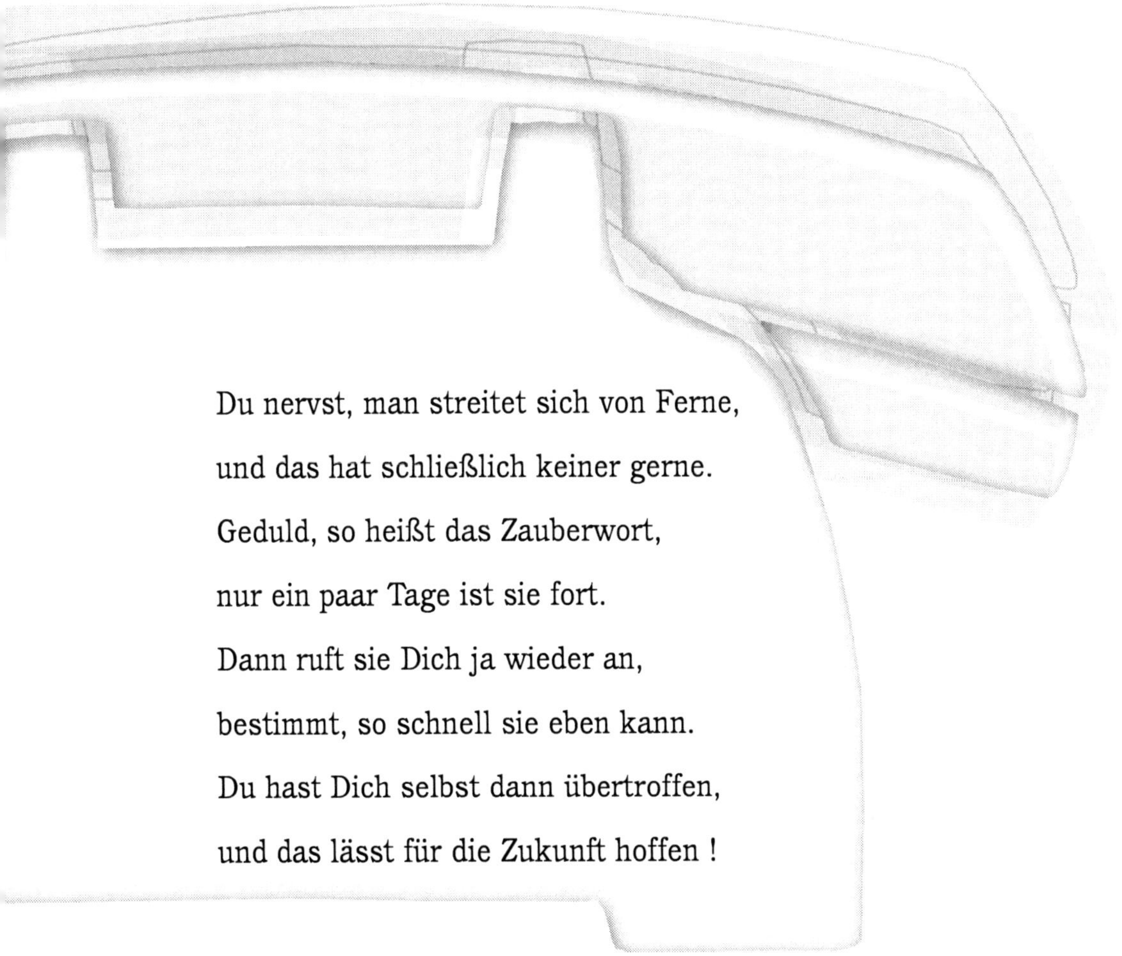

Du nervst, man streitet sich von Ferne,
und das hat schließlich keiner gerne.
Geduld, so heißt das Zauberwort,
nur ein paar Tage ist sie fort.
Dann ruft sie Dich ja wieder an,
bestimmt, so schnell sie eben kann.
Du hast Dich selbst dann übertroffen,
und das lässt für die Zukunft hoffen !

Texas / USA

Jetzt startet ein Flieger,
und darin sitzt Du.
Hoch über den Wolken,
bist Du im Nu.
Fliegst in die Sonne,
fliegst weit über's Meer,
und freust Dich auf diese Reise so sehr.

Gut soll es gehen, schön soll es sein,
ich freu' mich schon heute,
kommst Du wieder heim !

Herzschmerz

Du reißt an meinem Herzen,
und es tut ziemlich weh,
entfernst Dich immer weiter,
einmal sagst Du „Ich geh' !"

Du reißt an meinem Herzen,
Da gibt's ein starkes Band.
Wir gingen viele Wege,
und viele Hand in Hand.

Jetzt gehst Du meist alleine,
ich bleibe hier zurück,
und während Du noch Wege suchst,
wünsch' Dir alles Glück.

Wenn mir der Schritt gelungen.
und ich, ich lass Dich los,
wirst Du es leichter haben,
doch dieser Schritt ist groß.

Dann brauchst Du nicht zu reißen
an meines Herzens Band.
Dann wird so vieles leichter,
wir geben uns die Hand.

Und jede geht den eig'nen Weg,
und manchmal trifft man sich,
und nichts im Herzen tut mir weh,
und leicht wird es für mich.

Du reißt an meinem Herzen,
es tut nur deshalb weh,
weil ich Dich zu fest halte,
und es nicht richtig seh'.

Dies Band muss sich verändern,
wie alles mit der Zeit.
Es muss sich lockern, dehnen,
und werden sehr, sehr weit.

Und ist es mir gelungen,
und ich hab' es erreicht,
das Schwere ist vorüber,
das Leben wird ganz leicht.

Mein Wunsch ans Leben

Ach, mein Kind, ich möchte noch lange leben,
nur um dazusein für Dich,
nur, wenn Du ihn brauchst,
Dir Trost zu geben,
und wenn Du Fragen hast an mich.

Ach, mein Kind, ich möchte noch lange leben,
und Dir helfen, so gut es geht.
Möchte Dir Halt und Stütze geben,
wenn Dir der Wind um die Nase weht.

Ach, mein Kind, ich möchte noch lange leben,
doch wie's auch kommt, ich weiß es genau,
Du wirst Deinen Weg auch alleine finden,
Du bist eine selbstständige Frau.

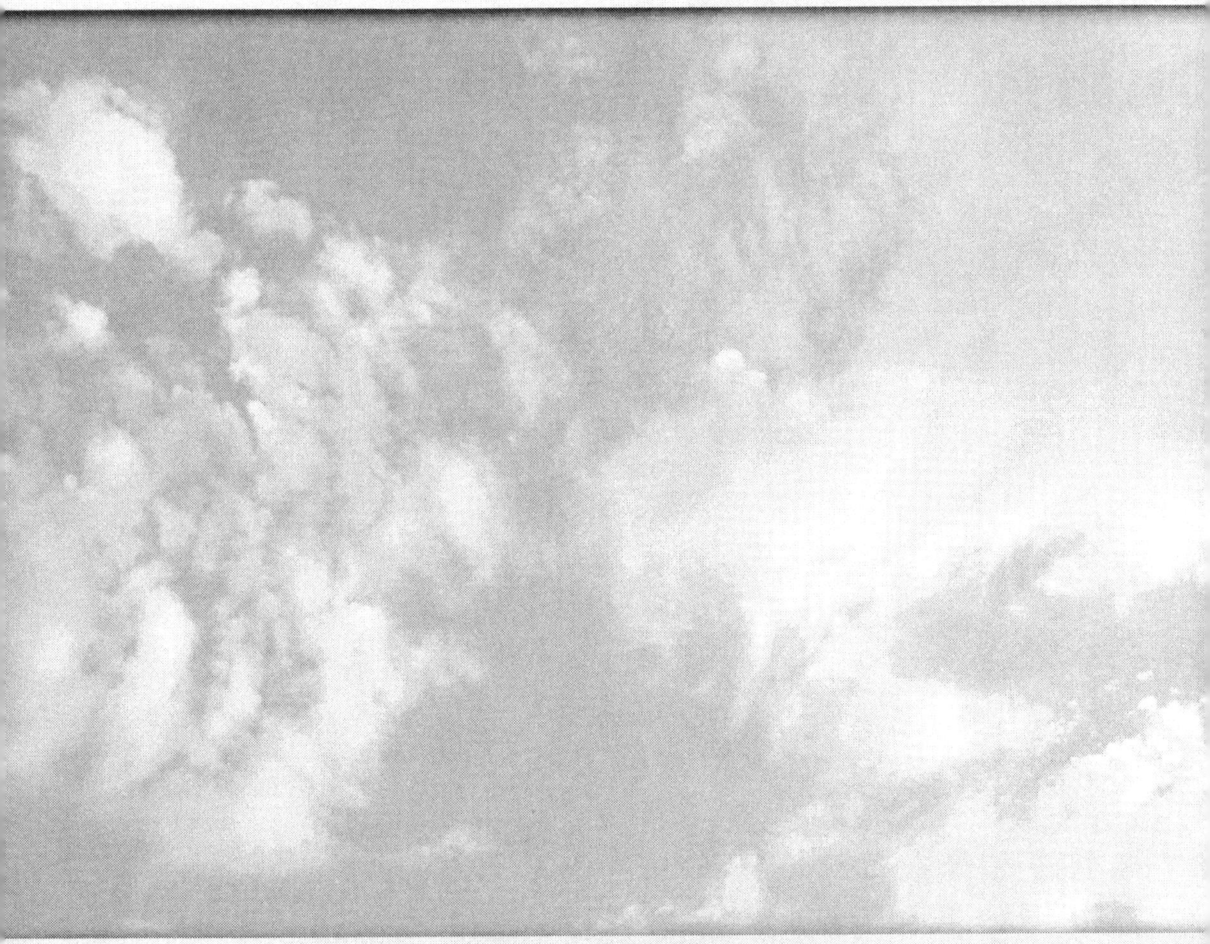

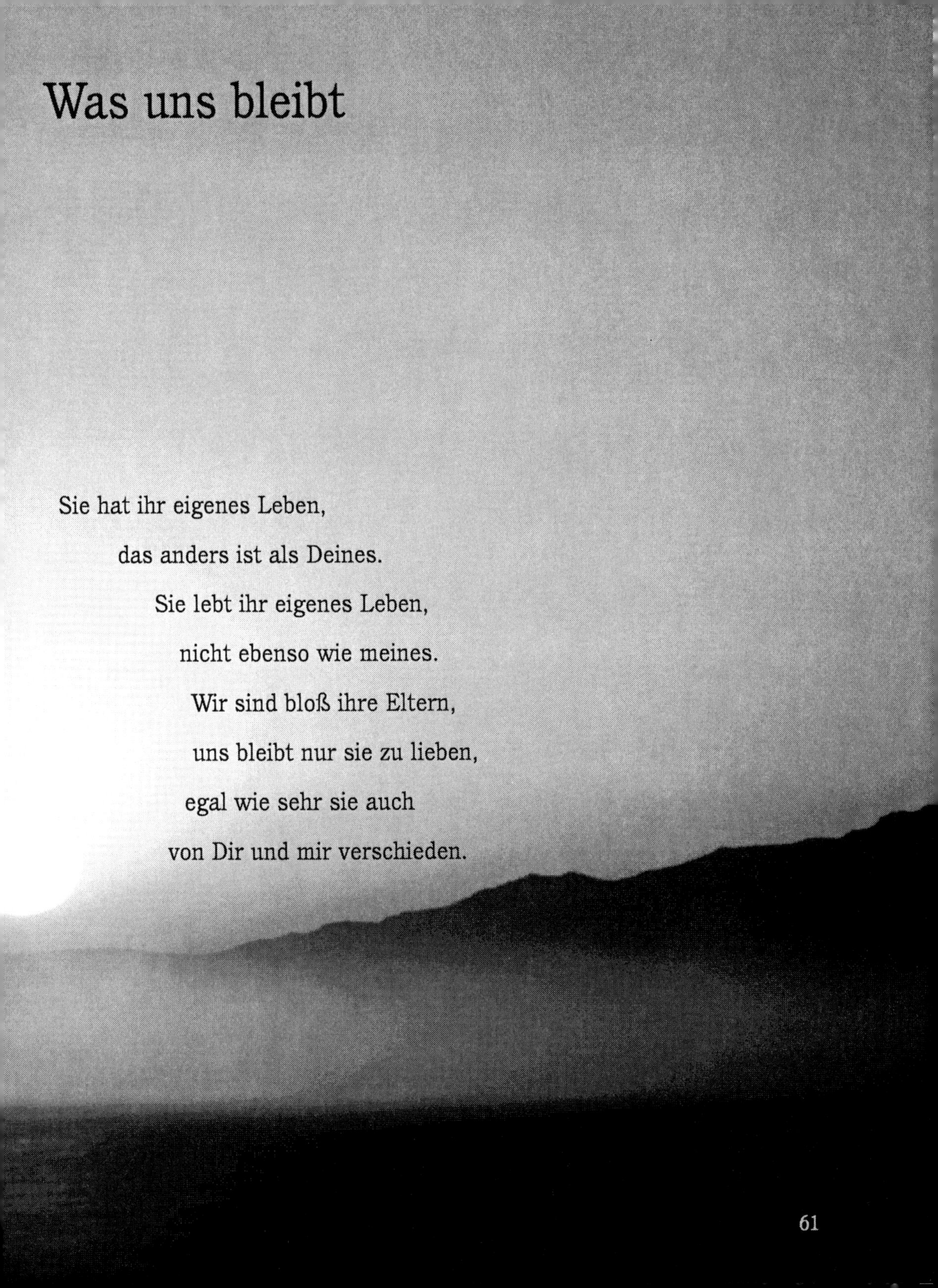

Was uns bleibt

Sie hat ihr eigenes Leben,
das anders ist als Deines.
Sie lebt ihr eigenes Leben,
nicht ebenso wie meines.
Wir sind bloß ihre Eltern,
uns bleibt nur sie zu lieben,
egal wie sehr sie auch
von Dir und mir verschieden.

Ein frommer Wunsch

Ganz viele Enkel möchte ich haben,
und dann in den Urlaub fahren.

Die Tochter und der Schwiegersohn
sind auch dabei, man ahnt es schon.

Wunsch

So eine Familienreise, nur so im Familienkreise,

und alle würden sich versteh'n,

ach' wär' das schön !

Ein schwerer Schritt

Ich lasse Dich los, ich gebe Dich frei,
dem freien Leben, wie es auch sei.
Du warst nie mein Besitz,
Du warst nur geliehen,
und eben darum, lass' ich Dich ziehen.

Das Leben, es ruft Dich, folge ihm nur,
und ziehe von jetzt an Deine ganz eigene Spur.
Komm' ab und zu noch bei mir vorbei,
denn wie auch Dein Leben immer sei,
ich interessier' mich für Dich,
Du liegst mir am Herzen,
und macht mir Dein Gehen
auch heute noch Schmerzen,
so weiß ich dennoch, es fordert das Leben,
und dieses Leben hat Gott Dir gegeben.
Sei frei, ich halte Dich nicht zurück,
sei frei, ich wünsche Dir alles Glück !

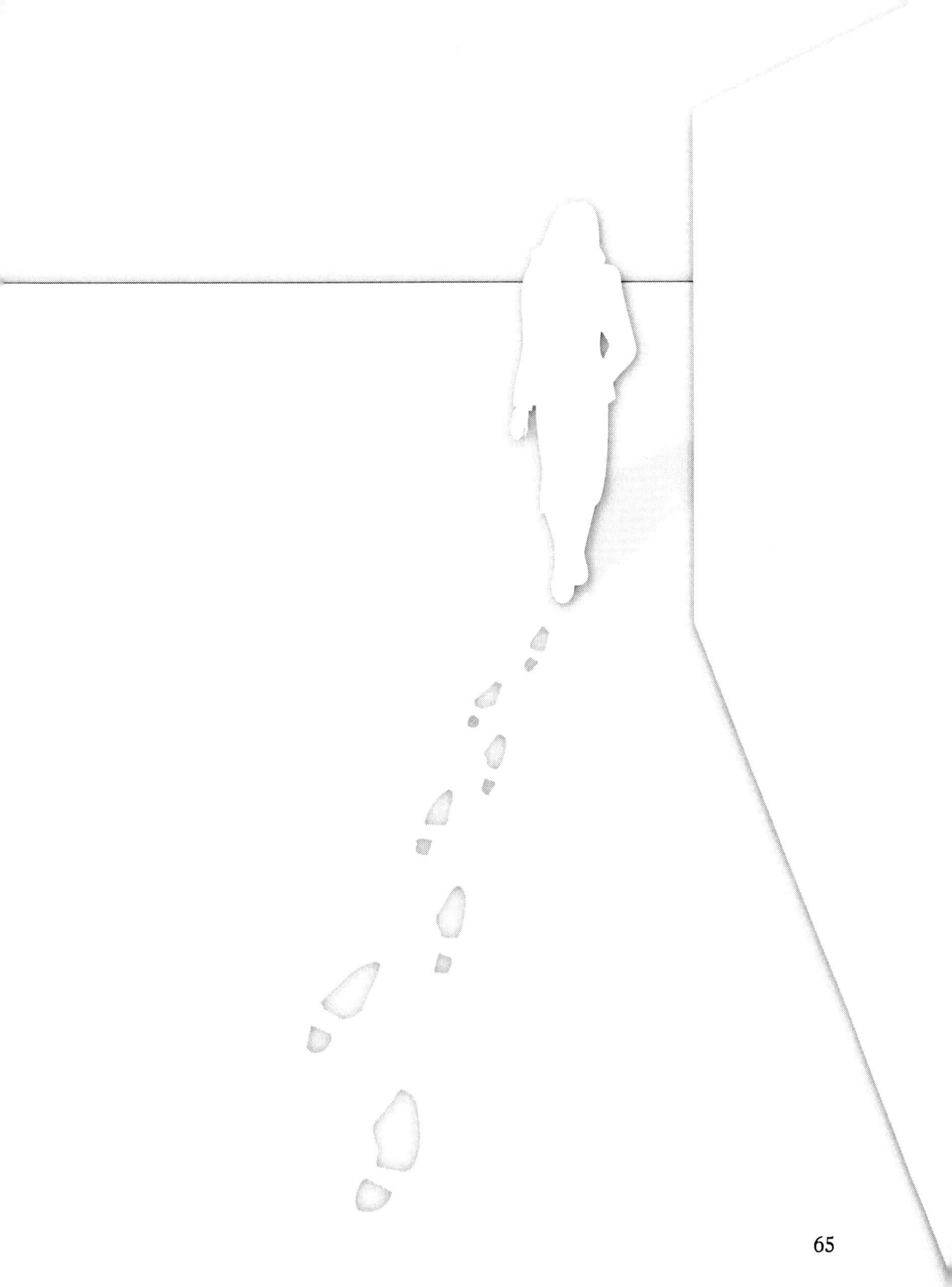

Glucke

Dein Geburtstag

Als Du geboren wurdest,
hat mir das Leben Dich geschenkt
und mir anvertraut.
Du bist ein Kind der Liebe,
der Liebe Deiner Eltern
und der Liebe Gottes,
denn Gott ist die Liebe.
Heute an Deinem 27. Geburtstag
bin ich endlich soweit, dass ich Dich
dem Leben anvertrauen kann,
im Vertrauen darauf,
dass es das Leben gut mit Dir meint.
Die Gluckenmutter gibt es nicht mehr.
Du bist ein freier Mensch,
wie wir alle gedacht sind.

Es gibt eine Frau, die Dich immer lieben wird, diese Frau bin ich, Deine Mutter.